세계 속으로 지켜라! 김가람PD의 세계사

1 가자! 유럽 속으로
발트해의 심장, 라트비아

✈ 추천사 ✈

친애하는 어린이 모험가 여러분,

마음을 사로잡는 매력을 가진 라트비아 문화의 세계에 오신 것을 환영합니다! 라트비아 대사로서 여러분과 함께 《세계속으로 김가람PD의 지켜라! 세계사》를 통해 제 조국인 라트비아로의 흥미진진한 여정에 동행할 수 있어 무척 기쁩니다. 생동감 넘치는 그림과 재미있는 이야기 속에서 여러분은 라트비아의 귀중한 전통과 보물들을 발견하게 될 것입니다.

라트비아에서는 우리의 활기찬 수도인 리가의 아기자기하고 사랑스러운 거리들을 산책하거나, 푸름이 넘치는 숲과 깨끗한 자연환경을 만끽하는 등 다양한 경험을 할 수 있습니다. 특히 라트비아 사람들의 따뜻한 환대와 전통적인 라트비아 음식의 맛, 그리고 다양한 축제 속에서 즐기는 즐거움까지! 이 모든 것들은 책 속의 단어와 그림만으로는 온전히 전달되지 않는 경험들입니다. 그러므로 라트비아를 실제로 방문하셔서 직접 경험해 보시는 것이 가장 좋답니다.

어린이 여러분, 라트비아 문화로 떠나는 이 여정을 시작할 때, 상상력을 발휘하여 다채로운 풍경과 생동감 넘치는 문화와 전통 속에 존재하는 자신들을 떠올려 보시기 바랍니다. 그리고 이 책을 통해 보다 큰 꿈을 꾸고 시야를 넓혀서 언젠가는 라트비아 땅에 발을 디디고 이 책에 소개된 경이로움과 모험들을 직접 경험하고 싶다는 여러분들의 열망에 불을 붙일 수 있기를 바랍니다.

책으로 떠나는 이 여정이 특별한 여행이 되길 기원하며, 여러분 모두 라트비아로 환영합니다!

아리스 비간츠 | 주한 라트비아 대사

라트비아 소개

국가명 라트비아 공화국(라트비아어 표기: LATVIJAS REPUBLIKA)
인종 라트비아인
언어 라트비아어(공식어)
수도 리가
국기

발트 3국 중심에 위치하며 발트해의 심장이라 불리는 아름다운 나라 '라트비아'를 소개합니다. 라트비아는 북쪽으로는 에스토니아 그리고 남쪽으로는 리투아니아와 국경이 인접해 있습니다. 라트비아는 1918년에 공식적으로 독립을 선언하였으나 1940년까지 소련에 강제 점령되어 1991년에야 온전한 독립을 되찾을 수 있었습니다. 이후 라트비아는 2004년에 유럽연합European Union과 나토NATO에 가입하였으며, 2014년에는 수도 리가가 유럽 문화 수도로 지정되었습니다.

라트비아의 지형은 산악 지대가 거의 없고 전반적으로 평평한 편이며, 가장 높은 산인 가이진칼른스는 해발 312m에 불과합니다. 국토의 50% 이상이 숲으로 이루어져 있고 발트해에 접해 있는 해안선의 길이는 500km에 이릅니다.

라트비아는 유럽의 관문인 발트해에 인접한 전략적 요충지로 침략과 지배에 맞서 싸웠던 강인한 역사를 가지고 있습니다. 이 책의 주요 배경이 되는 도시, 라트비아의 수도 '리가'는 고전 미술 양식과 현대의 건물이 조화를 이루고 있는 멋진 도시로, 구시가지 전체가 '유네스코 세계 유산'인 곳이기도 합니다.

✈ 머리말 ✈

우리 모두 함께 지켜야 할 멋진 세계 유산을 만나러 지금 떠나 볼까요?

어린이 여러분, 지구가 160명이 사는 마을이라고 상상해 봅시다. 한국인은 그중 몇 명이나 될까요? 10명? 아니, 20명? 놀랍게도 160명 중 한국인은 단 1명뿐입니다. 전 세계 인구는 약 80억 명, 우리나라 인구는 5,000만 명이 조금 넘으니 한국인이 전 세계 인구에서 차지하는 비중은 겨우 0.6퍼센트거든요. 나머지 159명은 우리와 다른 언어, 문화, 삶의 방식을 갖고 있겠지요. 여행은 그 159명의 친구들을 만나고 서로를 배워 가는 과정이에요. 그 신나는 탐험에 여러분과 함께하게 되어 정말 반갑습니다.

이제부터 우리가 탐험할 나라에는 저마다 소중히 지켜 온 역사와 문화가 있어요. 좋아하는 음식도 다르고, 자연 풍경도 다르고, 노래와 춤도 모두 다르지요. 제각각 다른 생김새와 생각을 갖고 있기 때문에 인류 문명은 발전하고 다채로운 문화를 꽃피울 수 있었어요. 어딜 가나 똑같은 모양의 건물들이 있다면, 어딜 가나 똑같은 노래를 부르고 똑같은 음식을 먹고 똑같은 전설이 있다면 탐험은 너무 시시하지 않을까요? 서로의 다름을 이해하고 소중한 문화를 함께 지켜 나가는 것이 필요한 이유가 바로 거기에 있습니다.

그래서 유네스코는 독특하면서도 모두가 인정할 만한 보편적 가치를 가진 문화나 자연을 '유네스코 세계 유산'으로 지정해 보호하고 있어요. 우리나라의 궁궐, 고대 로마 유적, 브라질의 아마존 열대우림처럼 세계인이 함께 지켜야 할 가치가 있는 것들이지요. 《세계 속으로 김가람PD의 지켜라! 세계사》 시리즈에서는 이런 멋진 유산들을 찾아 모험을 떠날 거예요. 낯선 사람, 낯선 장소가 나와도 긴장하지 않아도 됩니다. 우리의 새로운 친구가 될 거니까요. 그럼 159명의 친구들과 1,000개가 넘는 세계 유산을 만나러 지금 떠나 볼까요?

걸어서 더 넓은 세계 속으로,
김가람 PD

이 책의 구성과 특징

1 세계 문화유산을 지키기 위한 특급 어드벤처!

소중한 세계 문화유산이 사라질 위기에 처했다?! 몬스터로 변한 세계 문화유산을 복구시키기 위한 가람 피디와 가라미 프렌즈의 모험이 펼쳐집니다.

2 시공간 이동 포털 속으로 들어가 외계 빌런에 맞서라!

월드 헤리티지 뮤지엄에 갇혀 버린 가람 피디와 아이들은 시공간 이동 포털 속으로 들어가 세계 문화유산을 외계 행성으로 가져가려는 빌런들과 불꽃 튀는 대결을 펼칩니다.

3 세계 문화유산을 통한 역사와 문화 공부!

사건이나 인물을 통해 세계사를 알아 가던 기존의 학습 만화와는 달리 이 시리즈는 세계 각국 다양한 나라의 문화유산을 통해 세계사와 문화를 알아 가는 스토리로 구성되어 있습니다.

4 유쾌, 발랄한 글로벌 친구들의 대활약!

여행 다큐 피디를 꿈꾸는 천재 소녀 신나라, 춤과 노래를 사랑하는 라틴계 소녀 마야, 순수한 핀란드 소년 올리버, 태국에서 온 만능 체육 소년 쿤의 좌충우돌 대활약에 어느새 우리 모두 빠져들게 됩니다.

5 술술 이해되는 명쾌한 설명!

만화에서 생소하고 어려운 내용이 나오면 어떡하냐고요? 그럴 때면 가람 피디와 로젠, 드로니의 설명이 나옵니다. 어려운 내용도 쉽게 이해가 될 겁니다.

6 가라미 프렌즈가 묻고 가람 피디가 답한다!

보다 깊이 있는 세계 문화유산에 대한 지식은 책 뒤쪽 '가람 피디의 세계 유산 줌인'에 친절하고 상세하게 설명되어 있어요. 가라미 프렌즈의 궁금증을 가람 피디가 시원하게 풀어 줍니다.

✈ 등장인물 소개 ✈

가람 피디
글로벌 여행 다큐 프로그램의 스타 피디. 세계를 누비며 쌓아 온 풍부한 지식과 담대함으로 가라미 프렌즈를 이끌고 위험에 처한 소중한 세계 역사 문화유산을 지키기 위한 모험을 시작한다.

신나라
세계 여행과 다양한 문화에 대한 탐구심이 가득한 여행 다큐 피디 꿈나무. 한국에 사는 글로벌 친구들과 소통하며 '지구 프렌즈(Friends of the Earth)' 채널의 피디로 활동 중이다.

마야
K-POP을 사랑하는 하이텐션 라틴계 소녀. 춤과 노래로 세계 곳곳에서 만나는 모든 사람과 금방 친해지는 햇살 같은 매력을 가지고 있다.

올리버
핀란드에서 온 순수 소년. 부드러운 감성의 소유자로 지구 환경을 지키고 동식물과 교감을 나누는 일에 관심이 많다.

쿤
태국에서 온 만능 체육 소년. 수준급 무에타이 실력을 갖추고 있으며, 밝고 활기차고 용감한 성격으로 위험에 처할 때마다 거침없이 몸을 날린다.

로젠
가라미 프렌즈의 첫 번째 여행지인 라트비아에서 만난 운명의 여행자. 결정적인 순간에 나타나 도움을 주는 친절한 키다리 아저씨.

드로니
가람 피디와 동행하는 드론으로 월드 헤리티지 뮤지엄에서 가라미 프렌즈가 위기에 빠질 때마다 도움을 주는 AI 드론이다.

딩동댕 빌런 3인방
외계 행성의 작전 수행을 위해 파견된 외계 빌런 3인방. 포부는 크지만 어딘가 모르게 허술한 우당탕탕 빌런들.

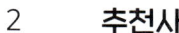 차례

2	추천사
4	머리말
6	이 책의 구성과 특징
8	등장인물 소개
10	프롤로그 **레츠 고! 월드 헤리티지 뮤지엄**
42	1화 **리가에서 생긴 일**
74	2화 **수상한 개의 정체**
110	3화 **라트비아를 여행하는 짜릿한 방법**
146	에필로그 **축제의 피날레를 위하여!**
166	유네스코 세계 유산에 대해 알려 주세요
170	라트비아는 어떤 나라인가요?
174	라트비아에서 꼭 가 봐야 할 곳!
178	브레멘 음악대 동상이 왜 리가에 있나요?

프롤로그
레츠 고! 월드 헤리티지 뮤지엄

라트비아 수도 리가

지구 프렌즈의 신나라 피디? 어디서 들어 본 이름인데?

'찾아라 영재단' 이라는 프로에 최연소 방송국 대표로 나온 아이잖아!

개조한 버스를 타고 부모님과 함께 세계 일주를 한….

웅성 웅성

7개국어를 하는 천재 소녀!

아! 오늘 기자 회견장에 초등학생 대표로 왔다는 아이가 바로 저 아이?

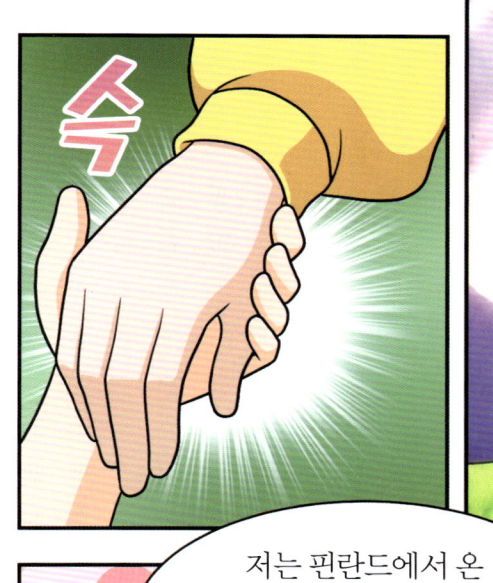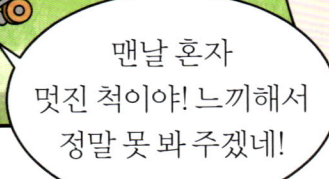

1화
리가에서 생긴 일

파 바 바 바

너, 거기서 뭘 찾는 거니?

휙

끼잉~

부들 부들

아~!

저 작은 강아지를 쫓고 있었나 봐!

덩치 큰 고양이가 작은 친구를 괴롭히면 안 되지!

타

앗

2화
수상한 개의 정체

와~! 여기는 중세 시대 그 자체네요.

두리번 두리번

아니스가 데려온 분들이야!

벌떡

챙

로… 로젠씨 이게 무슨…?

헉!

크하하! 아니스가 데리고 왔다면 그냥은 못 보내지!

두둥

앗! 여기 있다!

!!

휙
탓

어머나, 도망간다!

글루미 도그, 멈춰! 이리 와~~!!

타얏

3화
라트비아를 여행하는 짜릿한 방법

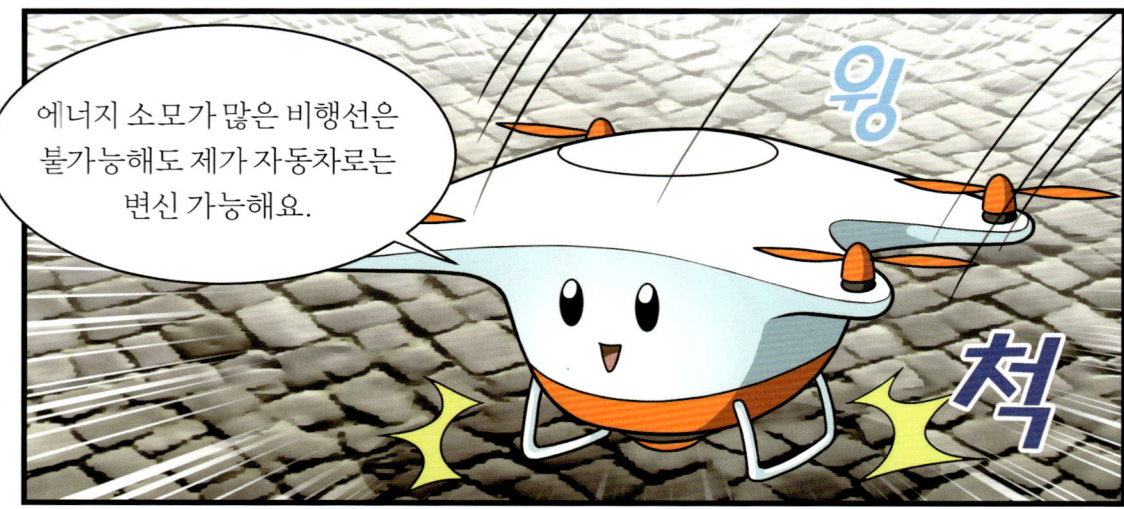

크하하하! 아래로 떨어뜨려 주마!

헉!! 딩동댕 짓이야!

모두 꽉 잡아요!

제가 도움을….

어딜!

빠악

앗!! 드로니가…!

으아아아

벼… 별거…
아… 아니야…!

벌떡

후두둑

텅

탱그랑

헉!!

들켰다. 도망가자!

헉!!

펄럭

역시 너희들은…?!

다 다 다 다

팟

화

악

어딜!

에필로그
축제의 피날레를 위하여!

우어어엉~~!!

쿵

글루미 도그가…

저렇게 커지다니….

으악! 창고에 숨길 때보다 더 커졌잖아!

우리도 데려가기 힘들 것 같은데….

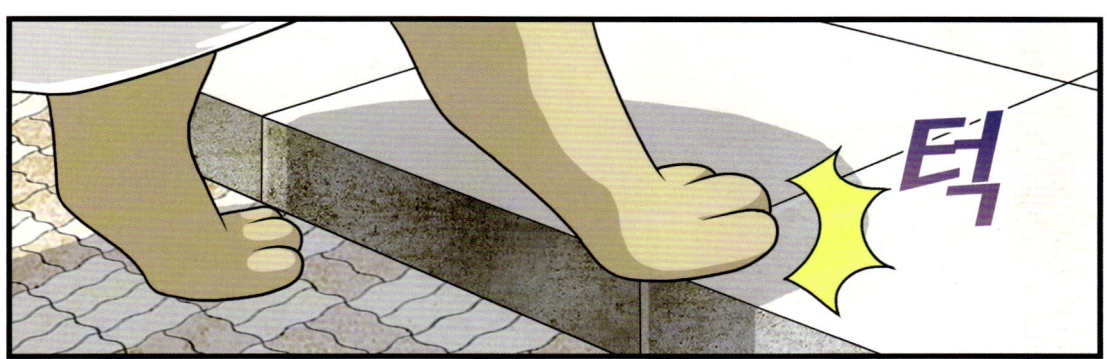

가람PD의 세계 유산 줌인

유네스코 세계 유산에 대해 알려 주세요

가람PD 특강 보기

피디님! 라트비아에는 유네스코 무형 문화유산이 3개나 있잖아요! '노래와 춤의 축전'과 유네스코가 보호하는 수이티 문화 공간, 그리고 가우야강 뗏목! 축제도 유산으로 보호하는 유네스코 세계 유산이 무엇인지 더 자세히 알고 싶어요! 앞으로 저는 유네스코 세계 유산 탐방을 계속 떠나고 싶거든요.

세계 유산이 뭔가요?

'유산'이라 하면 어떤 것들이 떠오르나요? 박물관에 있는 수백 년 된 왕관이나 도자기가 떠오르지 않나요? 하지만 후손들에게 물려줘야 할 가치 있는 '유산'에는 물건들만 있는 건 아니에요. 거리에 있는 전통 양식의 건축물, 독특한 삶의 방식이나 아름다운 자연도 우리가 함께 지켜야 할 유산이랍니다. 프랑스의 베르사유 궁전, 중국의 만리장성, 탄자니아의 세렝게티 국립 공원까지 유네스코 세계 유산은 다양한 지역에 여러 가지 형태로 존재해요. 최근에는 우리나라 서남해안의 드넓은 갯벌이 유네스코 세계 유산으로 등재되기도 했지요.

출처 : ⓒRichard Mortel/Wikimedia Commons CC BY 2.0

세계 문화유산인 창덕궁

라트비아 리가의 구시가

출처 : 라트비아 관광청(Latvia Travel)

'세계 유산'이란 인류가 공동으로 보호해야 할 가치가 있는 중요한 문화 및 자연 유산을 뜻해요. 하지만 이런 유산들은 전쟁, 자연 재해, 도시 건설 등으로 종종 사라질 위기에 처하기도 했어요. 1972년, 댐 건설로 인해 고대 이집트 유적들이 물에 잠길 뻔한 적이 있었어요. 그때 여러 나라들이 모여 인류에게 가치 있는 세계의 문화와 자연 유산을 지키자고 약속했어요. 그렇게 유네스코(UNESCO, 국제 연합 교육 과학 문화 기구)의 세계 문화유산 지정이 시작된 거죠.

세계 유산에는 어떤 것들이 있나요?

2023년 기준으로 전 세계에 1,157개의 유네스코 세계 유산이 있습니다. 우리나라에도 15개의 세계 유산이 있어요. 이 유산들은 형태에 따라 세 가지로 나뉩니다.

먼저 창덕궁, 석굴암, 남한산성과 같은 문화유산이 있어요. 기념물, 건축물, 유물 및 유적지 가운데 역사, 예술, 학문적으로 뛰어난 가치가 있는 것들이죠. 가라미 프렌즈가 갔던 라트비아 리가의 구시가, 캄보디아의 앙코르와트, 미국 자유의 여신상이 바로 문화유산이에요. 아주 오래된 건물이 아니더라도 가우디, 르 코르뷔지에와 같은 현대 건축가들의 창의성

세계 문화유산인 프랑스 베르사유 궁전

이 담긴 건축물들도 문화유산으로 등재되어 있다니, 눈을 크게 뜨고 찾아보면 더 많은 세계 유산을 찾을 수 있겠죠?

   제주 화산섬과 용암 동굴, 갯벌과 같은 자연 유산도 유네스코 세계 유산인데요. 독특한 자연 현상이나 아름다움을 지닌 지역, 지구 역사에서 중요한 지질학적 사건을 보여 주는 장소, 멸종 위기에 처한 동식물의 서식지를 보호하기 위해서예요. 세계 최대의 산호 군락지인 오스트레일리아의 그레이트 배리어 리프, 브라질과 아르헨티나에 걸쳐 있는 이구아수 폭포, 중국 쓰촨의 자이언트 판다 보호 구역도 모두 자연 유산이에요. 한편 뛰어난 자연환경 속에 있으면서 문화적 가치도 있는 곳들은 복합 유산이라고 부르는데요. 해발 2,430미터 절벽에 자리한 고대 잉카 제국의 도시 페루 마추픽추가 바로 그런 곳이에요.

무형 문화유산이란 무엇인가요?

유네스코 세계 유산의 세 가지 종류인 문화유산, 자연 유산, 복합 유산에 대해 알아봤는데요. 자, 여기서 질문! 친구들이 라트비아에서 본 춤과 노래의 축전과 수이티 문화 공간은 이

중 어디에 속할까요? 유네스코에서는 형태가 없고 만질 수 없는 춤, 노래와 같은 것들을 '무형 문화유산'으로 따로 보호하고 있어요. 우리나라의 아리랑, 씨름, 김장처럼 공동체에서 전해 내려오는 독특한 지식과 예술, 문화적 표현들을 보호하기 위해서죠. 무형 문화유산은 삶 속에서 계승되다 보니 뚜렷한 형태는 없지만 공동체의 정체성을 유지하고 세계의 문화 다양성을 지켜 가는 데 아주 중요하답니다. 수이티 공동체가 지켜 온 독특한 노래와 전통 의상, 아르헨티나의 탱고, 인도의 요가, 체코의 인형극 같은 것들이 바로 유네스코 무형 문화유산이에요.

전통 의상을 입은 수이티 사람들

출처 : 라트비아 관광청(Latvia Travel)

세계 기록 유산도 소중한 것들이에요

마지막으로 한 가지 더! 유네스코에서는 유명한 작곡가인 베토벤의 교향곡 악보, 세계적인 작가 톨스토이의 원고와 같이 세계의 문화와 역사에 중요한 영향력을 끼친 기록물을 '세계 기록 유산'으로 보호하고 있어요. 우리나라의 《훈민정음》과 《조선왕조실록》도 세계 기록 유산이죠. 자, 우리가 지켜야 할 세계 유산이 참 많죠?

전 세계가 함께 보존, 계승해야 한다고 약속한 게 '유네스코 세계 유산'인 만큼, 세계 유산으로 등재되려면 까다로운 심사를 통과해야 한다고 해요. 일 년에 한 번 여러 나라의 대표들이 모여 회의를 갖고 탁월한 보편적 가치를 가진 것들만 골라 세계 유산 등재를 결정합니다. 또 유산으로 한번 정해졌다고 해서 끝이 아니에요. 훼손되지 않도록 보존해야 할 의무도 생기죠. 이런 멋지고 아름다운 유산들이 곳곳에 있어서 여행과 탐험이 더 즐거워지는 거겠죠? 우리 모두 세계 유산에 관심을 갖고 소중히 지켜 나가도록 해요.

가람PD의 세계 유산 줌인

라트비아는 어떤 나라인가요?

춤과 노래를 좋아하는 저에게 '노래와 춤의 축전'은 정말 멋진 문화유산인 것 같아요. 많은 국민들이 밤새도록 모여 이런 축제를 하는 라트비아는 대체 어떤 나라인가요? 피디님이 경험한 라트비아란 나라에 대해 더 자세히 알려 주세요.

라트비아의 역사를 간단하게 들려줄까요?

라트비아는 북유럽의 발트해 연안에 있어요. 이렇게 말하면 아주 먼 곳처럼 느껴지지요? 그런데 라트비아가 우리나라에서 가장 가까운 EU(유럽 연합) 국가 중 하나라는 사실을 알고 있나요? 라트비아와 한반도 사이에는 딱 한 나라, 러시아밖에 없답니다.

오늘날 라트비아인의 조상인 발트족은 4,000년 전부터 이 땅에 정착해 살기 시작했어요. 13세기부터 독일 기사단, 폴란드, 스웨덴, 러시아, 나치 독일, 소비에트 연방에 의해 끊임없이 지배당했지만 고유한 언어와 문화를 지켜 냈죠.

'라트비아'라는 이름을 갖게 된 건 1918년이니 이제 100년이 조금 넘었어요. 당시 제1차 세계 대전이 끝나며 유럽의 큰 제국들이 무너지고 민족들끼리 나라를 만들기 시작했거든요. 핀란드, 에스토니아, 체코, 폴란드도 그때 라트비아와 함께 독립한 유럽 국가들이에요.

라트비아의 자연환경이 궁금하다고요?

라트비아의 자연환경은 어떨까요? 마야는 라트비아에서 높은 산을 본 적이 있나요? 라트비아는 산이 많은 우리나라와 달리 지형이 아주 평평하답니다. 가장 높은 언덕이 해발 312미터밖에 안 돼요. 대신 국토의 절반이 울창한 숲으로 이루어져 있고, 무려 3,000여 개의 호수가 있는 신비로운 나라죠. 라트비아의 면적은 우리나라의 3분의 2 크기인데 인

출처: 라트비아 관광청(Latvia Travel)

라트비아의 한여름 축제

구는 우리나라의 3%를 조금 넘으니 아주 한적하고 공기가 맑은 정원 같은 곳이랍니다.

그리고 지도를 펼쳐 보면 라트비아는 위도가 아주 높은 곳에 있는데요. 위도가 높다는 건 그만큼 북극에 가깝다는 거예요. 그래서 라트비아의 겨울은 아주 춥고 길어요. 12월에는 오후 3시만 되어도 깜깜해진답니다.

그 대신 여름에는 하루에 20시간이나 햇빛이 쏟아져서 자정이 가까워도 환한 '백야' 현상이 나타나요. 햇빛이 귀한 라트비아에서 사람들은 6월이 오기만을 기다리는데요. 특히 일 년 중 낮이 가장 긴 '하지'는 라트비아의 가장 큰 명절이랍니다. 하지가 되면 사람들은 도시를 떠나 숲으로 가요. 가족들과 함께 치즈, 꿀, 감자와 같은 전통 음식을 나눠 먹고 꽃으로 만든 화관을 쓰고 자연을 즐기기 위해서예요.

특히 하짓날 밤에는 잠시라도 눈을 붙이면 일 년 내내 졸린다는 속설이 있어 밤새 모닥불을 피우고 해가 뜰 때까지 노래를 해요. 크리스마스와 함께 가장 큰 명절이 하지라고 하니, 설날과 추석이 있는 우리나라와는 많이 다르죠?

노래와 춤의 축전

"4만 명이 넘는 사람들이 노래하는 모습은 정말 감동적이에요."

춤과 노래를 좋아하는 라트비아 사람들

마야가 좋아하는 '노래와 춤의 축전'도 여름을 대표하는 축제예요. 라트비아의 인구는 200만 명이 안 되는데, 축제 기간에는 4만 명이 노래하고 춤추기 위해 리가로 모여요.

라트비아인들은 왜 이렇게 노래를 좋아할까요? 라트비아인들에게 '노래'는 우리의 '만세'와 같아요. 우리가 일본으로부터 독립하기 위해 만세 운동을 한 것처럼 라트비아인들은 소비에트 연방에서 독립하고자 노래로 저항했거든요. 1989년 8월 23일, 라트비아인들은 이웃 국가인 에스토니아, 리투아니아 사

출처: ⓒLaimonis Stīpnieks/Wikimedia Commons CC BY 4.0

에스토니아, 리투아니아 사람들과 함께 3개국을 잇는 인간 띠를 만들었어.

라트비아 사람들이 독립을 위해 인간 띠를 만들고 저항하는 장면

람들과 함께 거리로 나와 노래를 불렀는데요. 얼마나 많은 사람들이 모였는지 전 세계가 깜짝 놀랐어요! 무려 200만 명이 거리로 나와 서로의 손을 잡고 676킬로미터 길이의 인간 띠를 만들어 노래했답니다.

   세 나라의 국민들은 함께 노래하면서 독립을 향한 열망을 평화롭게 표현했어요. 2년 뒤 세 나라는 마침내 독립을 이뤄 냈고, 이 유명한 비폭력 시위는 유네스코 세계 기록 유산에 등재되었답니다. 마야가 본 '노래와 춤의 축전'은 노래로 독립을 이뤄 낸 라트비아인들의 자랑스러운 전통이 담긴 축제예요. 친구들도 여름에 리가에 가게 되면 라트비아인들과 함께 밤새 노래해 보세요.

가람PD의 세계 유산 줌인

라트비아에서 꼭 가 봐야 할 곳!

가람PD 특강 보기

저는 라트비아에서 가장 기억에 남는 것이 가우야 계곡에서 뛰어내렸을 때였어요! 유후! 아직도 짜릿해요! 시굴다에는 투라이다성도 있고 볼거리가 많았는데 이번에 미션을 해내느라 충분히 다 보지 못해서 아쉽네요. 다음에 가족과 다시 한번 여행 오고 싶은데 라트비아의 멋진 곳들에 대해 더 알려 주세요!

전체가 유네스코 세계 문화유산인 리가의 구시가

작지만 볼거리가 가득한 나라, 라트비아가 마음에 들었나요? 쿤이 나중에 가족들과 다시 여행을 온다면 먼저 라트비아 수도 리가의 멋진 구시가를 산책해 보세요.

800여 년 전부터 북유럽 무역의 중심지였던 리가에는 역사적으로 중요하고 아름다운 건물이 많아서 구시가 전체가 유네스코 세계 문화유산으로 지정되어 있답니다. 현대적인 도시와 달리 돌바닥이 그대로 보존된 골목길을 걷다 보면 동화 속에 들어온 기분이 들 거예요. 중세 상인들의 만남 장소였던 화려한 검은 머리 전당, 활기찬 광장에 위치한 돔 성당, 나이가 100년씩 차이 나는 세 건물이 나란히 서 있는 삼 형제 건물은 특히 유명하답니다. 참, 123미터나 되는 높은 첨탑이 있는 성 베드로 성당 전망대에 올라 다우가바강과 아름다운 구시가를 내려다보는 것도 잊지 마세요.

중세 느낌 가득한 구시가에서 작은 운하만 건너면 현대적인 '아르누보' 거리가 나오는데요. '새로운 예술'을 뜻하는 아르누보는 20세기 초 유럽에서 유행한 건축 양식이에요. 당시 리가는 무역의 중심지로 번성한 곳이어서 최첨단 유행인 아르누보 건축물이 아주 많이 세워졌어요. 아르누보는 덩굴 식물, 꽃봉오리, 신화 속 인물의 조각상과 자연에서 유래한 아름다운 곡선에 밝은 색조가 특징인데요. 아르누보 거리에 가면 길 전체에 웅장한 아르누보 건축물들이 줄지어 서 있어 거대한 신전에 들어선 듯한 느낌이 들 거예요. 리가

리가의 아르누보 거리

는 유럽에서 아르누보 건축물이 가장 많은 곳이라니, 놓치면 안 되겠죠?

라트비아의 베르사유, 룬달레 궁전

리가에는 아름다운 옛 건물들이 많지만, 라트비아에서 가장 아름다운 궁전은 리가에 있지 않아요. 프랑스 베르사유 궁전에 버금가는 화려함을 뽐내는 '룬달레 궁전'은 라트비아 남쪽의 젬갈레 지역에 있답니다. 방이 138개가 넘고 정원에는 무려 2,400종이 넘는 장미가 피어 있어요.

 1760년대 이탈리아 천재 건축가 라스트렐리가 설계한 이 성은 바로크, 로코코 건축의 걸작으로 손꼽히는데요. 안타깝게도 여러 번의 전쟁으로 궁전은 폐허가 되었지만, 50년에 걸친 복원 작업을 마치고 2015년에 화려한 옛 모습을 되찾았어요. 예술 작품으로 가득한 황금의 방, 무도회장, 원형 극장과 미로 같은 장미 정원을 거닐며 수백 년 전 라트비아 귀족

출처: 라트비아 관광청(Latvia Travel)

룬달레 궁전

룬달레 궁전은 프랑스 베르사유 궁전 못지않게 화려하고 아름다워요~!

의 화려한 삶을 떠올려 보는 건 어떨까요? 룬달레 궁전과 정원은 축구장 119개만큼 넓다니 길을 잃지 않도록 조심하세요!

가우야 국립 공원과 시굴다의 봅슬레이 경기장

쿤은 가우야 계곡이 있는 시굴다가 좋다고 했죠? 그럼 다음에는 드넓은 가우야 국립 공원을 천천히 즐겨 보세요. 라트비아에서 가장 큰 가우야 국립 공원에는 천연 온천, 동굴뿐만 아니라 가우야강을 따라 늘어선 중세의 성, 교회, 귀족의 저택과 같은 유적이 500개 넘게 있어요.

참, 짜릿한 모험을 즐기는 쿤이니 시굴다의 봅슬레이 경기장도 좋아할 거예요. 동계 올림픽에서 썰매를 타고 얼음 트랙을 누가 빨리 달리나 겨루는 경기들을 본 적이 있나요? 봅슬레이, 루지, 스켈레톤과 같은 동계 올림픽의 썰매 종목인데요. 라트비아는 추운 나라답

시굴다에 있는 투라이다성

게 썰매를 잘 타는 선수들이 많답니다. 시굴다의 봅슬레이 경기장에서는 친구들도 직접 봅슬레이를 체험해 볼 수 있어요. 경험이 많은 봅슬레이 선수와 함께 썰매를 타고 실제 국제 경기가 열리는 트랙을 달려 보세요. 놀이공원의 롤러코스터만큼 빠른 속도에 깜짝 놀랄 거예요.

시굴다 봅슬레이 경기장

177

가람PD의 세계 유산 줌인 ▶

브레멘 음악대 동상이 왜 리가에 있나요?

가람PD 특강 보기

피디님! 저희가 글루미 도그를 쫓다가 지나친 브레멘 음악대 동상은 <브레멘 음악대> 동화랑 어떤 관련이 있는 건가요? 왜 라트비아 리가에 브레멘 음악대 동상이 세워져 있나요?

리가에 있는 <브레멘 음악대> 주인공들의 동상

당나귀 위에 개, 고양이, 닭이 올라가 있는 재미있는 동상을 본 거죠? 올리버가 잘 맞혔네요! 그건 <브레멘 음악대> 동화의 주인공들이 맞아요.

<브레멘 음악대>는 독일의 그림 형제가 1819년에 발표한 동화예요. 이야기 속에서 주인에게 버림받은 동물들이 음악대가 되기 위해 찾아가는 곳인 '브레멘'도 독일의 도시랍니다. 친구들이 리가에서 본 브레멘 음악대 동상은 브레멘에서 리가에 선물한 것이에요. 이 두 도시는 수백 년 전부터 아주 친한 형제 도시였다고 해요. 그런데 서로 1,600킬로미터 정도나 떨어져 있는 독일 브레멘과 라트비아 리가는 어떻게 특별한 관계를 맺게 되었을까요?

무역뿐만 아니라 군사 동맹도 함께한 리가와 브레멘

브레멘과 리가는 공통점이 많아요. 지도를 펼쳐 보면 둘 다 유럽 북부에 있고 바다에 접해 있는 항구 도시예요. 브레멘이 접해 있는 북해와 리가가 있는 발트해 사이에는 수백 년 전부터 뱃길을 이용한 무역이 활발했답니다. 두 도시의 사람들이 서로 알게 된 건 무려 800여 년 전이에요. 중세에 독일 상인들은 배를 타고 라트비아까지 와서 물건도 팔고,

리가의 브레멘 음악대 동상

동상의 동물들 코를 만지면 좋다는데, 닭은 맨 위에 있어 손이 잘 닿지 않네요!

기독교를 전파하기도 했어요.

　오늘날 라트비아 수도인 '리가'를 만든 것도 독일인이에요. 1201년, 당시 강력한 무역 도시였던 브레멘의 알베르트 주교가 보낸 선교사와 상인들이 리가라는 도시를 세운 거죠. 이후 1282년, 리가는 독일이 이끄는 '한자 동맹'에 가입했어요. 여기서 '한자'는 우리가 잘 아는 중국 문자인 한자(漢字)가 아니라, '상인 협회'를 뜻하는 중세 라틴어 단어랍니다.

　한자 동맹은 13세기 무렵 시작된 북유럽 도시들의 정치적, 경제적 동맹이었어요. 해적이 많던 시기, 자유롭고 안전한 무역과 경제적 이익을 목표로 많은 도시들이 국경을 초월해 협력한 거죠. 전성기에는 오늘날 영국의 런던부터 러시아의 노브고로드까지 200여 도시가 한자 동맹의 회원이었다니, 대단하죠?

독일 브레멘에 있는 브레멘 음악대 동상

브레멘을 찾은 사람들은 당나귀의 발을 만지며 소원을 빈대요.

　리가가 한자 동맹에 가입한 후, 더 많은 외국 상인들이 리가에 왔고 도시는 활기찬 교역 중심지로 번성했습니다. 한자 동맹의 창립 멤버였던 브레멘은 리가의 동맹으로 서로의 이익을 위해 긴밀히 협력했어요. 리가는 곡물, 목재와 같은 농산물을 주로 수출했고 브레멘으로부터 향료, 직물을 수입했죠. 서로를 신뢰하게 되자 상인들은 더 멀리, 더 많은 물건을 팔러 떠날 수 있어서 더욱 부유해질 수 있었죠.

　두 나라가 무역만 함께한 건 아니었어요. 1361년 덴마크가 한자 동맹을 공격해 왔을 때는 리가와 브레멘이 함께 군대를 결성해 맞서 싸우기도 했답니다. 브레멘과 리가는 멀리 떨어져 있지만, 공정한 무역을 위해 공동의 법과 규칙을 만들어 협력했어요. 전쟁과 약탈이 자주 일어나던 중세 유럽, 400년간 지속된 한자 동맹 속에서 브레멘과 리가는 해상 무역 중심지로 함께 발전할 수 있었던 거죠.

어떤 역경도 극복할 수 있다는 교훈을 주는 동상

그로부터 수백 년이 지난 1990년, 브레멘은 리가에 브레멘 음악대 동상을 선물했어요. 이 동상을 선물받았던 당시, 라트비아는 어려운 시기를 보내고 있었어요. 소비에트 연방에 강제로 합병당한 지 50년째, 라트비아인들은 독립을 염원하고 있었죠.

여러분은 그림 형제의 동화 〈브레멘 음악대〉에서 용감한 동물들의 활약이 기억나나요? 주인에게 버림받고 집을 떠난 네 마리의 동물은 우연히 한 오두막을 발견하는데요. 창문 너머 방에서는 도둑들이 맛있는 음식을 먹고 있었어요. 그걸 본 당나귀가 창문 앞에 서고, 그 위에 개와 고양이, 닭이 앉아서 큰 소리를 냈더니 도둑들은 숲으로 도망쳤고 동물 친구들은 맛있는 음식을 먹으며 편히 쉴 수 있었죠.

이처럼 〈브레멘 음악대〉는 고난을 딛고 새로운 삶을 살게 된 동물들의 모습을 통해 어떠한 역경도 극복할 수 있다는 교훈을 주는데요. 리가의 브레멘 음악대 동상도 마찬가지예요. 벽 너머를 바라보는 동상의 동물들은 소비에트 연방의 지배를 딛고 더 나은 삶을 찾아 새로운 세계로 향하는 라트비아인들을 상징한다고 해요. 이 동상을 선물받고 1년 뒤, 라트비아는 마침내 독립을 이뤄 냈답니다.

참, 리가에 있는 브레멘 음악대의 동상과 똑같은 동상이 브레멘에도 있다는 걸 알고 있나요? 리가에서는 브레멘 음악대의 코를, 브레멘에서는 발을 만지면 행운이 온다고 믿는다고 해요. 그래서 리가의 브레멘 음악대 동물들은 코가 노랗게 색이 변했고, 브레멘의 브레멘 음악대 동물들은 발이 노랗게 변했답니다. 언젠가 독일에 가면 리가에 있는 것과 똑같은 브레멘 음악대의 동상을 꼭 찾아보세요.

史차원 김재원 쌤의 지켜라! 한국사

역사 지식의 새로운 차원을 열어 주는 〈史차원 김재원의 지켜라! 한국사〉

백제 무령왕릉과 무덤을 지키던 진묘수에 대한 흥미진진한 역사 지식이 펼쳐집니다!

역사학자 김재원
- 고려대학교 대학원 한국사학과 박사 수료
- 가톨릭대학교 국사학과 겸임교수
- 역사문제연구소 운영위원

유투브
〈공부왕찐천재 홍진경〉
역사 선생님

KBS joy
〈내일은 천재〉
역사 선생님

史차원 김재원 쌤이 이끄는 한국사 어벤져스와 함께 역사 모험을 떠나볼까요?

한국판 '마법의 시간여행', 재밌습니다. 한국사 어벤져스와 함께 역사 모험을 하다 보면 어느새 어린이들이 알아야 할 역사 지식을 저절로 익히게 됩니다. 다 보고 나면 책 읽기의 재미를 알려 주는 독서 친구가 생기게 될 겁니다.
정병욱 | 고려대학교 민족문화연구원 교수

〈지켜라! 한국사〉는 한국사를 소재로 한 신나는 모험담입니다. 충실하고 검증된 정보를 담고 있는 교양 만화이면서, 어린이의 가슴을 뛰게 하는 모험극으로서의 역할도 놓치지 않았습니다. 부담 없이 즐겁게 읽다 보면 역사 속 인물과 사건, 문화 유적과 유물에 대해 깊이 있는 지식을 가지게 될 것입니다.
기경량 | 가톨릭대학교 국사학과 교수

새내기왕 세종

우리가 몰랐던
젊은 세종대왕 이야기

우리 역사 최고의 성군으로 존경받는 세종대왕.
모든 게 완벽할 것 같은 그에게도 늘 가슴 떨리고
서툴렀던 시절이 있었다.
어느 날 예고도 없이 세자가 되고
두 달 만에 임금의 자리에 오른 세종.
말 그대로 임금은 처음이라,
하루하루 불안하고 고민이 쌓여 간다.
과연 좋은 임금이란 무엇이고 잘해 나갈 수 있을까?

권오준 지음 | 김효찬 그림
128×188 | 184쪽 | 값 13,000원

책담은 한솔수북의 청소년·성인 대상 브랜드입니다. | 전화 02-2001-5828 팩스 0303-3440-0108

한글꽃을 피운 소녀 의병

임진왜란 속에서 꽃핀 한글,
백성을 아우르고 나라를 살리다

열네 살 소녀 겨리가 사는 '어울림'은
백정, 광대 같은 떠돌이들이 모여 이룬 마을이다.
의병장 곽재우의 간곡한 부탁에 어울림 사람들은
의병들과 뜻을 함께하기로 한다.
겨리도 나라를 살리는 일에 당차게 나선다.
우리말과 글을 잘 살려 쓰는 겨리는 의병을 모으는 노래를
만들고 한글로 백성들 마음을 울리는 글을 짓는다.
조선에서 하찮게 여겨졌던 여자와 아이,
천한 신분의 백성들이 나라를 위해 힘껏 싸운다.
그리고 이 싸움에서 큰 힘을 보탠 것이
바로 한글이다.

변택주 글 | 김옥재 그림
180쪽 | 초등 고~청소년 | 값 12,000원

세계 속으로 김가람PD의 지켜라! 세계사

① 가자! 유럽 속으로 발트해의 심장, 라트비아

초판 1쇄 펴낸날 2023년 7월 10일
글 김가람·한바리 **그림** 황정호·김기수 **감수** 타르비데 리가(TARVIDE LIGA)
기획 오마주 주식회사 **비즈니스디렉터** RK **크리에이티브디렉터** Z1 **아트디렉터** RK **프로듀서** VARY
편집장 한해숙 **편집** 김양미, 신경아 **디자인** 케이앤북스, 최성수, 이이환 **마케팅** 박영준, 한지훈 **홍보** 정보영, 박소현 **경영지원** 김효순
펴낸이 조은희 **펴낸곳** ㈜한솔수북 **출판등록** 제2013-000276호 **주소** 03996 서울시 마포구 월드컵로 96 영훈빌딩 5층
전화 02-2001-5822(편집), 02-2001-5828(영업) **전송** 02-2060-0108
전자우편 isoobook@eduhansol.co.kr **블로그** blog.naver.com/hsoobook **인스타그램** soobook2 **페이스북** soobook2
ISBN 979-11-92686-65-3, 979-11-92686-64-6(세트)

어린이제품안전특별법에 의한 제품 표시
품명 도서 **사용연령** 만 7세 이상 **제조국** 대한민국 **제조자명** ㈜한솔수북 **제조년월** 2023년 7월

· 저작권법으로 보호받는 저작물이므로 저작권자의 서면 동의 없이 다른 곳에 옮겨 싣거나 베껴 쓸 수 없으며 전산장치에 저장할 수 없습니다.
· 값은 뒤표지에 있습니다.

지켜라! 한국사 ⓒ O.M.J Co., Ltd.
〈지켜라! 세계사〉의 저작권은 오마주 주식회사에 있습니다.
〈지켜라! 세계사〉의 캐릭터/스토리 등 IP 라이선싱, 사업 제휴 등 IP 사업 관련 문의는 오마주㈜ 이메일(omj@omaju.net)로 주시기 바랍니다.

큐알 코드를 찍어서
독자 참여 신청을 하시면
선물을 보내 드립니다.

한솔수북의 모든 책은 아이의 눈,
엄마의 마음으로 만듭니다.